Edle Mehrstrangketten

Suchen Sie schnelle und unkomplizierte Schmuckideen, mit denen Sie Ihre Garderobe wirkungsvoll unterstreichen können? Dann sind die derzeit voll im Trend liegenden Mehrstrangketten genau das Richtige für Sie.

Lassen Sie sich von der großen Vielfalt an faszinierenden Ketten und dazu passenden Armbändern begeistern, die mit farbigem Draht oder feinem Garn gehäkelt werden. Schimmernde Rocailles, funkelnde Swarovski®-Kristall-Schliffperlen sowie bunte Glas- und Naturperlen verleihen den in diesem Buch gezeigten Schmuckstücken das besondere Etwas.

Natürlich können Sie alle Ketten auch nach Ihren eigenen Vorstellungen und Wünschen abwandeln – vielleicht haben Sie ja noch etliche Perlen zuhause, die sich wunderbar für ein Collier zu Ihrem neuen Kleid eignen? Mit einem selbst gehäkelten Schmuckstück als persönliches Geschenk werden Sie garantiert für Aufsehen sorgen!

Ich wünsche Ihnen viel Freude beim Kreativsein und gutes Gelingen!

Lydia Klös

Die wichtigsten Materialien

Glasschliffperlen sind leicht oval geformt und in vielen Größen und Farben erhältlich.

Kristall-Schliffperlen von Swarovski® funkeln durch die besondere Art ihres Schliffes und die spezielle Zusammensetzung des Glases fast wie Diamanten.

Glasperlen gibt es in vielen verschiedenen Formen und Farben, wie z. B. Herzen, Tropfen, Farfalle/Papillon.

Renaissance-Glaswachsperlen sind siebenfach gewachste Glasperlen mit einem besonders edlen Schimmer.

Perlmutt-Teile gibt es in verschiedenen Formen und Farben mit nur einem Loch.

Rocailles sind kleine Glasperlen ohne Schliff und werden in Durchmessern von 2–2,6 mm verwendet. Die Farbauswahl ist hier besonders groß.

Draht wird in der Stärke ø 0,3 mm verwendet. Es gibt ihn als Messing-, Kupfer- oder farbig lackierten Draht. Silberdraht ist nur bedingt geeignet, da er leichter bricht.

Garn ist als feines, glänzendes Häkelgarn oder schimmernde Knopflochseide in großer Farbauswahl erhältlich. Weiße oder helle Garne verschmutzen leicht und sind daher nicht zu empfehlen.

Kettelstifte sind Drahtstifte mit einer kleinen Öse am Ende.

Ösen dienen zum Zusammenfassen von Drahtsträngen und Befestigen von Verschlüssen.

Perl- oder Endkappen bilden einen schönen Kettenabschluss.

Verschlüsse gibt es in vielen verschiedenen Varianten.

Hinweis: Die Mengenangaben bei den einzelnen Ketten und Armbändern sind als Durchschnittswerte zu sehen. Die letztendlich benötigte Menge variiert je nach Größe der Luftmaschen und hinsichtlich der gewünschten Ketten- oder Armbandlänge.

Hilfsmittel

Häkelnadel
Für die Drahtketten eignen sich Häkelnadeln der Stärke 3–3,5. Die Maschen sollten schön luftig erscheinen und nicht zu klein sein. Für die Ketten aus Garn je nach Garnstärke Häkelnadeln der Stärke 1–1,5 verwenden. Hier sollten feste und sehr kleine Maschen gearbeitet werden.

Perlennadel
Für das Auffädeln von Perlen auf Garn.

Rundzange
Zum Biegen von Ösen.

Seitenschneider
Zum Durchtrennen von Draht.

Flachzange
Sie dient zum Öffnen und Schließen von Ösen.

Schmuckkleber oder Zwei-Komponenten-Kleber
Zum Fixieren der End- bzw. Perlkappen an den Strangenden.

Styropor- oder Korkplatte
Zum Aufspannen der Stränge.

Stecknadeln
Zum Fixieren der Stränge auf der Styropor- oder Korkplatte.

So wird's gemacht

Perlen auffädeln

Zunächst sämtliche Perlen entsprechend der angegebenen Perlenfolge auf den Draht oder das Garn auffädeln. Bei Garn hierfür eine Perlennadel verwenden. Bei Draht ist dies nicht notwendig. Den Draht oder das Garn keinesfalls abschneiden. Die Perlen zur Garn- oder Drahtrolle hin schieben und den Faden oder Draht immer wieder durch alle Perlen hindurch nachziehen.

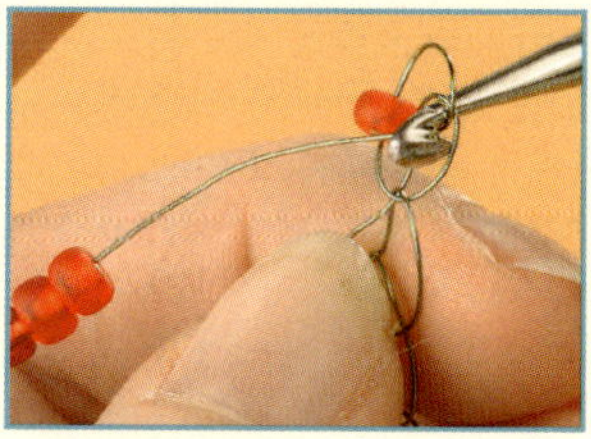

Häkeln

Ca. 20 cm Draht oder Garn stehen lassen und mit der jeweils angegebenen Anzahl Luftmaschen beginnen. Anschließend die erste Perle oder bei Rocailles die erste Perleneinheit bis zur vorherigen Luftmasche schieben. Den Draht oder Faden mit der Häkelnadel hinter der Perle oder den Perlen fassen und durch die Schlaufe auf der Häkelnadel ziehen. Die Perle oder Perlen gleiten so in die Masche hinein. Mehrere Rocailles bilden dabei, wenn sie mit Garn gehäkelt werden, kleine Bögen.
Im Anschluss daran die angegebene Anzahl Luftmaschen ohne Perlen häkeln, bevor die nächste Perle oder die nächsten Perlen eingehäkelt werden.
Länge und Anzahl der Luftmaschen ohne Perlen bestimmen den Abstand der Perlen zueinander. Mit etwas Übung können auch gleich mehrere Perlen geschoben und nacheinander eingehäkelt werden. Draht wird mit größeren Häkelnadeln eher etwas lockerer gehäkelt. Für Garn verwendet man sehr dünne Häkelnadeln und häkelt eher festere und kleinere Maschen.
Die Nadelstärke richtet sich hierbei nach der Garnstärke und nach der Häkelweise (eher fest oder lockerer).
Nach Erreichen der gewünschten Länge den Draht oder das Garn nach ca. 20 cm durchtrennen und das Ende durch die letzte Schlaufe ziehen.
Anstelle eines einzigen langen Stranges können auch mehrere einzelne Stränge gehäkelt werden. Hierbei jeweils nach Erreichen der gewünschten Stranglänge den Draht oder das Garn durchtrennen. Bei einzelnen Strängen lässt sich die Position der einzelnen Perlen, z. B. bei größeren Perlen für die Kettenmitte, genau ausrichten.

Hinweise: **Wenn sich während des Häkelns herausstellt, dass die Perlenfolge nicht stimmt, können einzelne Perlen entfernt werden. Hierfür die betreffenden Perlen in ein feuchtes Küchenpapier wickeln und mit einer Flachzange zerdrücken. Damit dabei das Garn nicht zerschnitten wird, sollten Sie diese Perlen zuvor auf eine nicht zu dünne Nadel fädeln.**

Fehlen Perlen oder bricht der Draht, empfiehlt es sich, an einem Strangende neu anzusetzen: Die Häkelarbeit bis dorthin auftrennen, die Perlen in korrekter Reihenfolge auf den übrigen Perlenstrang fädeln und vom Strangende aus erneut beginnen.

Darauf achten, dass der Draht während des Perlenauffädelns und vor dem Häkeln möglichst glatt bleibt und keine Schlingen bildet. Hieraus könnten Knicke entstehen, an denen der Draht später bricht. Den Draht mit Perlen am besten in Bögen legen.

WEITERFÜHRUNG

So wird's gemacht

Wenn Sie gegen Ende der Häkelarbeit feststellen, dass noch weitere Perlen benötigt werden, so wickeln Sie eine entsprechend große Menge Draht oder Garn von der Spule ab, durchtrennen den Draht oder das Garn und ergänzen die fehlenden Perlen.

Aufspannen

Stecknadeln im Abstand der gewünschten Stranglänge in eine Styropor- oder Korkplatte stecken.

Mit etwa gleicher Länge

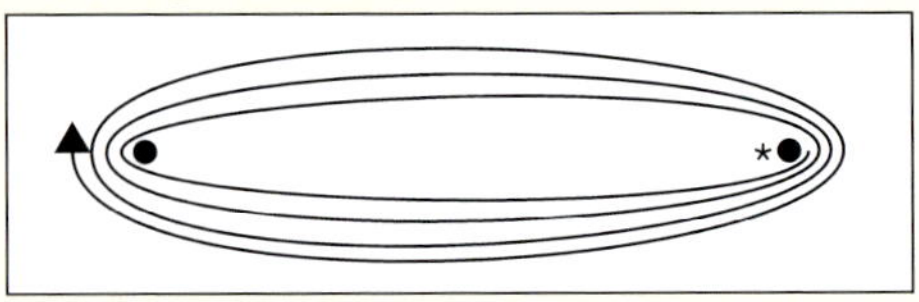

Zwei Nadeln im angegebenen Abstand zueinander einstecken und so lange umwickeln, bis die gewünschte Anzahl an Strängen erreicht ist. Hierdurch ergeben sich leicht unterschiedliche Stranglängen, welche die Kette fülliger erscheinen lassen.

Mit genau gleicher Länge

Pro Strang eine Nadel im angegebenen Abstand einstecken. Die Nadeln einer Seite sollten nicht weiter als 1 cm voneinander entfernt sein. Den Anfang eines Stranges mit einer zusätzlichen Nadel auf einer Seite fixieren (siehe Markierung *). Den Strang wie abgebildet in Schlaufen von einer Nadel zur nächsten führen und dabei jeweils mit der Nadel feststecken. Genau gleich lange Stränge werden in erster Linie für die gedrehten Mehrstrangketten (siehe Seite 5) benötigt.

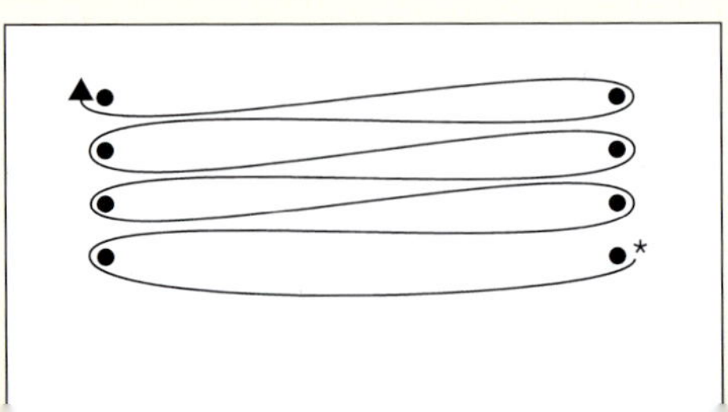

Mit unterschiedlicher Länge

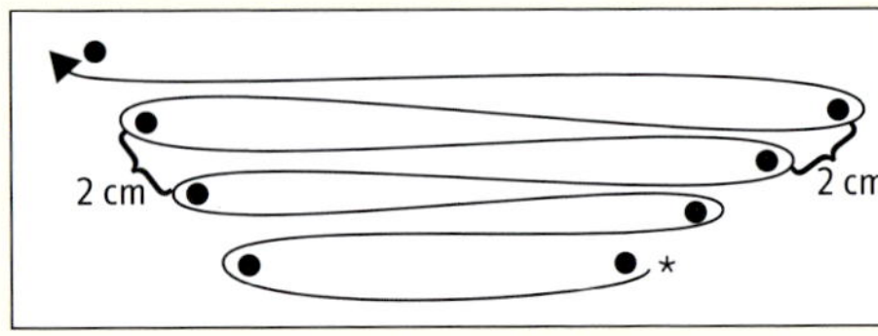

Die Nadeln gemäß Skizze stecken. Mit der kürzesten Strecke beginnen (siehe Markierung *) und die Nadeln dann im Abstand von je 2 cm ergänzen. Bei einzelnen Strängen ist ein Aufspannen nicht erforderlich.

Abschluss

Mit Ösen und Verschluss

Die Stränge an jeder Seite in einer Öse zusammenfassen und den Metallverschluss mit zwei weiteren Ösen einhängen. Das Draht- oder Garnende verdrehen bzw. vernähen.

Mit Perlen

Bei Drahtketten die Stränge mit dem Drahtende zusammenfassen: Dafür das Drahtende durch die einzelnen Stränge fädeln und dann anziehen. Anschließend dieses Drahtende durch eine oder mehrere Perlen und die Öse am Verschluss (z. B. Karabiner) fädeln. Noch einmal durch die gleiche Öse fädeln, so bleibt sie beweglicher und der Draht bricht nicht. Dann durch die zuvor aufgefädelten Perlen bis zu den zusammengezogenen Strängen zurückfädeln (siehe z. B. Herzkette, Seite 6/7). Das Drahtende verdrehen.

Bei Ketten mit Garn die Stränge mit dem Garnende zusammenfassen und durch mehrmaliges Hin- und Hernähen fixieren. Eine oder mehrere Perlen auffädeln, den Faden durch die Öse des Verschlusses führen und zurückfädeln. Den Faden durch die Strangenden ziehen und noch einmal bis zum Ver-

schluss zurückfädeln. Das Garnende mithilfe der Perlennadel vernähen.

Mit End- oder Perlkappen
Die Strangenden in der Öse eines Kettelstiftes zusammenfassen oder den Kettelstift annähen, indem der Draht oder das Garn mehrfach durch die Öse des Stiftes und die Strangenden geführt und dann noch etwas verdreht bzw. vernäht wird. Eine End- oder Perlkappe auf den Kettelstift fädeln, das Stiftende zu einer Öse biegen und den Verschluss einhängen. Die Draht- bzw. Garnenden verschwinden nun in der Kappe. Dieser Abschluss eignet sich sehr gut für Ketten aus einzelnen Strängen.

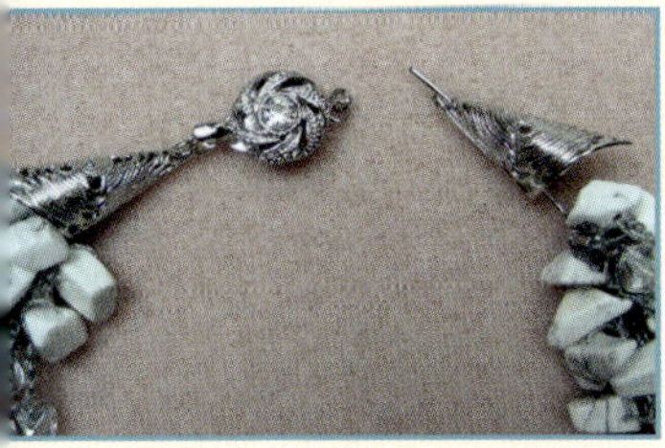

Bei Häkelgarn können die Kappen auch aufgeklebt werden. Hierfür die Enden mit Garn fest vernähen und eventuell umwickeln oder einzelne Strangenden zusammennehmen, gemeinsam fest verknoten und das Ende kürzen. Die Kappe mit Schmuckkleber oder Zwei--Komponentenkleber aufkleben und am besten über Nacht gut

trocknen lassen. Auch Holzexpressleim eignet sich hier gut.

Mit Kettelstift und Perlen
Wie beim Abschluss mit Metallverschlüssen bzw. Perlkappen beschrieben einen Kettelstift mit dem Strangende verbinden. Eine Perle auf den Kettelstift fädeln, das Stiftende zur Öse biegen und einen Verschluss einhängen oder weitere Kettelstifte mit Perle ergänzen.

Gedrehte Ketten
Die genau gleich langen Stränge an den Enden zusammenfassen und die Enden mit einigen Stichen zusammennähen. Die Stränge anschließend fest miteinander verdrehen und diese Drehung wiederum mit einigen Nadelstichen fixieren. Durch das Drehen verkürzt sich die Kettenlänge – umso mehr, je stärker verdreht wird. Dies ist beim Aufspannen der Stränge zu berücksichtigen.

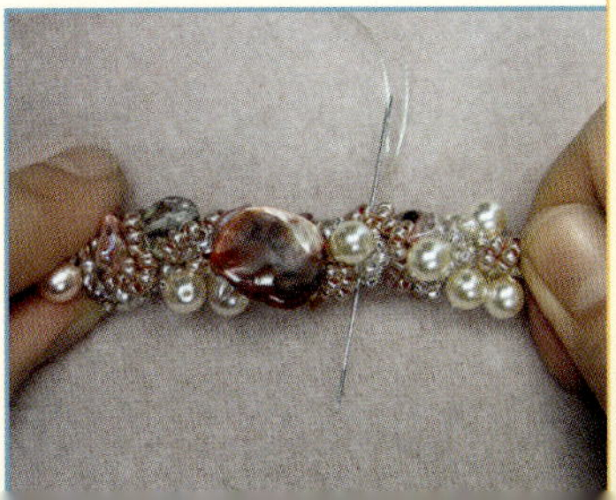

Tipps & Tricks

- Mit einem Verlängerungskettchen können Sie die Länge Ihrer Kette jedem Ausschnitt anpassen.
- Wenn die Kette wider Erwarten zu kurz geraten sein sollte, können Sie diese durch einen Abschluss mit Perlen (gefädelt oder mit Kettelstiften) nach Bedarf verlängern.
- Wenn Sie sehr fest oder locker häkeln und Ihre Stränge bei gleicher Perlenanzahl deutlich kürzer oder viel länger ausfallen, erhöhen Sie die Anzahl der Luftmaschen ohne Perlen um ein bis zwei Maschen oder reduzieren Sie diese entsprechend.
- Auf einer speziellen Fädelmatte oder einer Moosgummiplatte rollen oder springen die Perlen nicht so leicht weg und sind leichter aufzufädeln.
- Sie können mit dem Aufspannen des Strangs auch bereits während des Häkelns beginnen, um so die noch benötigte Stranglänge exakt zu bestimmen.

Herzkette

→ in edlem Rot-Schwarz

LÄNGE
ca. 52 – 64 cm

MATERIAL

- ca. 49 Glasherzen in verschiedenen Rottönen, ø 5 – 10 mm (ca. 15 g)
- ca. 72 Glasschliffperlen in Schwarz, irisierend, ø 4 mm
- ca. 107 Rocailles-Würfel in Rot, 4 mm lang (ca. 10 g)
- Rocailles in Rot, mit Silbereinzug, ca. ø 2–2,6 mm (ca. 15 g)
- Karabinerverschluss in Schwarz, 1,2 cm lang
- Öse in Schwarz, ø 6 mm
- Draht in Schwarz, ø 0,3 mm

1 Die Perlen gemäß untenstehender Perlenfolge auffädeln und mit drei Rocailles enden. Dabei zwischen den verschiedenfarbigen Herzen abwechseln.

2 Gemäß der Anleitung für unterschiedlich lange Stränge auf Seite 4 zwölf Nadeln stecken. Die kürzeste Strecke beträgt 40 cm, die längste 54 cm.

3 Mit zwei Luftmaschen beginnen und dann drei Rocailles zusammen in die nächste Masche häkeln. Anschließend immer im Wechsel eine Masche ohne und eine mit Perle oder mit drei Rocailles häkeln. Den Strang bereits während des Häkelns nach und nach aufspannen und feststecken. Nach dem elften Strang mit zwei Luftmaschen enden.

4 Gemäß Anleitung auf Seite 4/5 einen Abschluss mit Perlen arbeiten. Hierfür an jeder Seite sieben Glasherzen auffädeln.

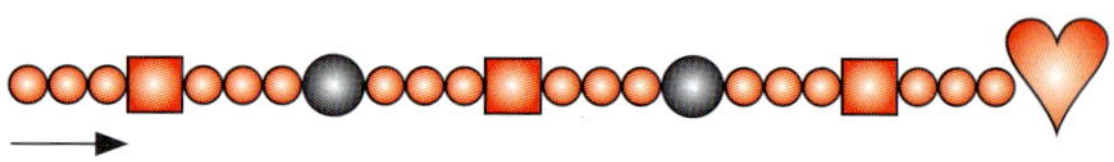

Tipp: **Fädeln Sie am Kettenende weniger oder mehr Glasherzen auf, wenn die Kette kürzer oder länger sein soll.**

In Meeresfarben

→ sommerlich-frisch

LÄNGE
Kette ca. 47 cm
Armband ca. 18 cm

MATERIAL
KETTE
- ca. 23 Glaswachsperlen in Türkis, ø 8 mm
- ca. 23 Pyramidenperlen in Hellaqua, ø 6 mm
- ca. 46 Glasschliffperlen in Grün, irisierend, ø 6 mm
- ca. 46 Glastropfen in Dunkelaqua, 1,1 cm lang
- ca. 23 Perlmuttscheiben in Hellblau, mit einem Loch, ø 1,3 cm
- Rocailles in Dunkelblau, mit Silbereinzug, ø 2–2,6 mm (ca. 17 g)
- 2 Perlkappen in Platin, 2,3 cm lang
- 2 Kettelstifte in Platin, 2,7 cm lang
- Karabinerverschluss in Platin: Herz, ø 1 cm
- Spaltring in Platin, ø 5 mm
- Draht in Türkis metallic, ø 0,3 mm

ARMBAND
- ca. 8 Glaswachsperlen in Türkis, ø 8 mm
- ca. 8 Pyramidenperlen in Hellaqua, ø 6 mm
- ca. 16 Glasschliffperlen in Grün, irisierend, ø 6 mm
- ca. 16 Glastropfen in Dunkelaqua, 1,1 cm lang
- ca. 8 Perlmuttscheiben in Hellblau, mit einem Loch, ø 1,3 cm
- Rocailles in Dunkelblau, mit Silbereinzug, ø 2–2,6 mm (ca. 17 g)
- 3 Ösen in Platin, ø 5 mm
- Karabinerverschluss in Platin: Herz, ø 1 cm
- Draht in Türkis metallic, ø 0,3 mm
- Verlängerungskettchen in Platin, ca. 6 cm lang

Kette

1 Die Perlen gemäß untenstehender Perlenfolge auffädeln und mit drei Rocailles enden.

2 Mit einer Luftmasche beginnen und dann drei Rocailles zusammen in die nächste Masche häkeln. Anschließend immer im Wechsel eine Masche ohne und eine mit Perle oder mit drei Rocailles häkeln.

3 Gemäß Anleitung auf Seite 4 sieben Stränge mit einer Länge von jeweils etwa 43 cm spannen und einen Abschluss mit Perlkappen (siehe Seite 5) arbeiten.

Armband

Nach der Anleitung für die Kette vorgehen. In Schritt 3 jedoch sieben 16 cm lange Stränge aufspannen und einen Abschluss mit Ösen und Verschluss (siehe Seite 4) arbeiten.

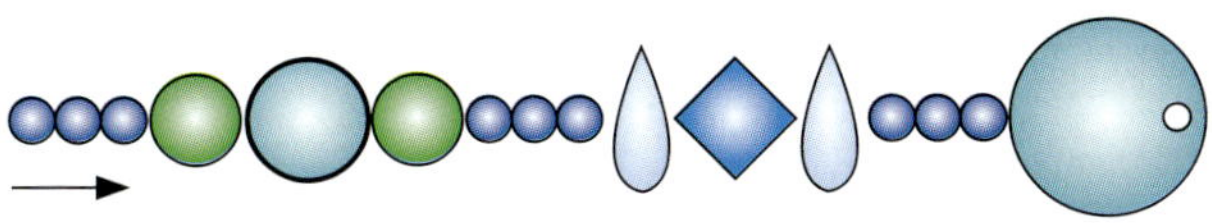

Verspieltes Ensemble in Bonbonfarben

→ mit faszinierenden Farfalle-Glasperlen

LÄNGE
Kette ca. 46 cm
Armband ca. 18 cm

MATERIAL

KETTE

- je 1 Dose Farfalle-Glasperlen in Kristall mit Farbeinzug in Gelb und Pink, ø 6,5 mm (ca. 17 g)
- ca. 25 Pyramidenperlen in Mintgrün, ø 6 mm
- ca. 26 Glastropfen in Mintgrün, 1,1 cm lang
- Knebelverschluss in Platin, ø 1,2 cm
- 4 Ösen in Platin, ø 5–6 mm
- Draht in Pink metallic, ø 0,3 mm

ARMBAND

- je ca. 4 g Farfalle-Glasperlen in Kristall mit Farbeinzug in Gelb und Pink, ø 6,5 mm
- ca. 15 Pyramidenperlen in Mintgrün, ø 6 mm
- ca. 15 Glastropfen in Mintgrün, 1,1 cm lang
- Knebelverschluss in Platin, ø 1,2 cm
- 4 Ösen in Platin, ø 5–6 mm
- Draht in Pink metallic, ø 0,3 mm

Kette

1 Die Perlen gemäß Perlenfolge auffädeln und mit vier Farfalle-Perlen enden. Dabei zwischen gelben und pinkfarbenen Perlen abwechseln.

2 Mit zwei Luftmaschen beginnen und dann eine Farfalle-Perle in die nächste Masche häkeln. Anschließend immer im Wechsel eine Masche ohne und eine mit Perle häkeln.

3 Gemäß Anleitung auf Seite 4 sieben Stränge mit einer Länge von jeweils etwa 45 cm spannen und einen Abschluss mit Ösen und Verschluss (siehe Seite 4) arbeiten.

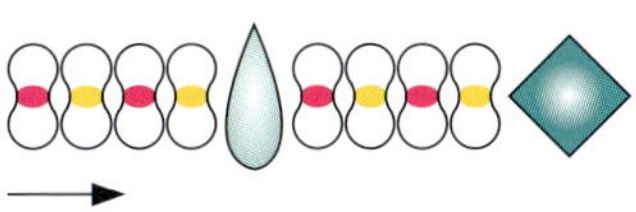

Armband

Nach der Anleitung für die Kette vorgehen. In Schritt 2 jedoch in jede Masche eine Perle der abgebildeten Perlenfolge einhäkeln und anschließend sechs 16 cm lange Stränge aufspannen.

Tipp: Farfalle-Perlen sind im Handel auch unter der Bezeichnung Papillon-Perlen erhältlich.

Gedrehtes Collier in leuchtenden Farben

→ mit raffinierten Effekten

LÄNGE
ca. 44 cm

MATERIAL
- ca. 36 Swarovski®-Kristall--Schliffperlen in Koralle, ø 4 mm (S)
- ca. 72 Glasschliffperlen in Rot, irisierend, ø 4 mm (G)
- ca. 36 Glaswachsperlen in Rot, ø 4 mm (W)
- ca. 36 Katzenaugen-Perlen in Orange, ø 6 mm (K)
- Rocailles in Orange, rainbow, ø 2–2,6 mm (ca. 10 g) (R1)
- Rocailles in Orange, mit Silbereinzug, ø 2–2,6 mm (ca. 14 g) (R2)
- geschnittene Glasstifte in Orange, transparent, 2 mm lang (ca. 15 g) (R3)
- Endkappen zum Kleben mit Verschluss in Gold, ø 1,4 cm
- Häkelgarn in Orange

1 Die Perlen gemäß Perlenfolge auffädeln.

2 Mit sechs Luftmaschen beginnen und dann fünf Rocailles zusammen in die nächste Masche häkeln. Anschließend immer im Wechsel sechs Luftmaschen ohne und eine mit einer Perle oder mit fünf Rocailles häkeln. Mit sechs Luftmaschen enden.

3 Gemäß Anleitung auf Seite 4 17 Stränge mit genau gleicher Länge von 55 cm spannen und diese fest miteinander verdrehen (siehe Seite 5). Den gedrehten Strang mit einigen Nadelstichen gut fixieren. Die Endkappen mit Schmuck- oder Zwei--Komponentenkleber aufkleben und gut trocknen lassen.

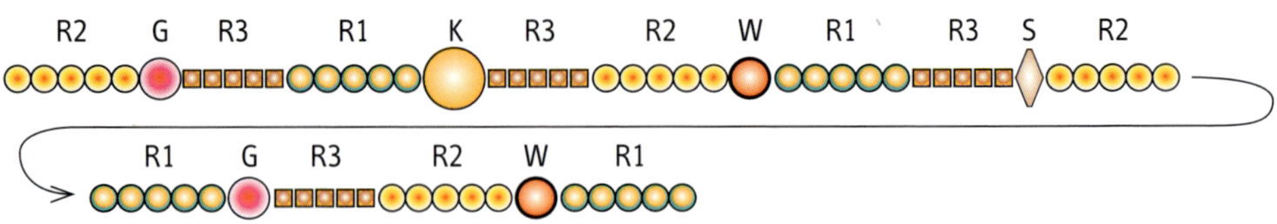

Festlich in Weinrot-Schwarz

→ ein echter Blickfang

LÄNGE
ca. 47 cm

MATERIAL
- ca. 22 Swarovski®-Kristall-Schliffperlen in Granatrot, ø 6 mm
- ca. 105 Glaswachsperlen in Weinrot, verschiedene Größen und Formen (ca. 35 g, aus Glaswachsperlenmischung)
- Rocailles in Weinrot, mit Silbereinzug, ø 2–2,6 mm (ca. 10 g)
- Karabinerverschluss in Schwarz, 1,2 cm lang
- Spaltring in Schwarz, ø 5 mm
- Häkelgarn in Schwarz

1 Die Perlen gemäß Perlenfolge auffädeln und mit fünf Rocailles enden. Dabei zwischen größeren und kleineren Glaswachsperlen abwechseln.

2 Mit vier Luftmaschen beginnen und dann fünf Rocailles zusammen in die nächste Masche häkeln. Anschließend immer im Wechsel vier Luftmaschen ohne und eine mit einer Perle oder mit fünf Rocailles häkeln. Mit vier Luftmaschen enden.

3 Gemäß Anleitung auf Seite 4 sieben Stränge mit einer Länge von jeweils etwa 45 cm spannen und einen Abschluss mit je einer größeren Glaswachsperle (siehe Seite 4) arbeiten.

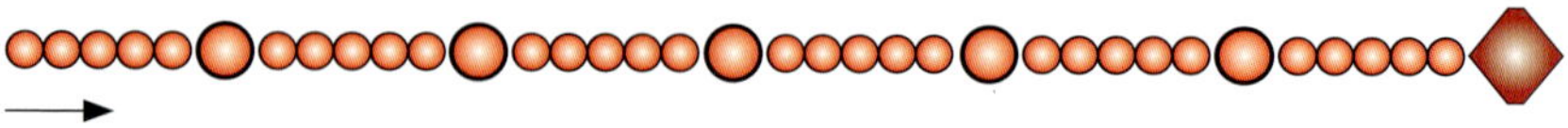

Außergewöhnliche Kette in Orange-Braun

→ edel schimmernd

LÄNGE
ca. 43–66 cm

MATERIAL

- Glaswachsperlenmischung in Orange und Braun, ca. 30 g (ca. 84 Glaswachsperlen in Orange und ca. 77 Glaswachsperlen in Braun)
- 2 Perlkappen in Gold, 3,5 cm lang
- 2 ovale Ösen in Gold, ø 6–8 mm
- 2 Kettelstifte in Gold, 2,7 cm lang
- Draht in Braun metallic, ø 0,3 mm
- Karabinerverschluss in Gold, 1,2 cm lang
- Verlängerungskettchen in Gold, ca. 6 cm lang

1 Die orangefarbenen und braunen Glaswachsperlen in kleine, mittlere und große Perlen aufteilen. Für den ersten Strang mit einer kleinen orangefarbenen Perle beginnen und die Perlenfolge einmal auffädeln. Dabei zwischen orangefarbenen und braunen Perlen wechseln. Mit drei Luftmaschen beginnen, die erste Perle einhäkeln und dann immer im Wechsel zwei Luftmaschen ohne und eine mit Perle häkeln. Mit drei Luftmaschen enden. Der Strang sollte ca. 40 cm lang sein.

2 Sechs weitere Stränge häkeln, dabei jedoch die Anzahl der kleinen Perlen am Anfang und Ende mit jedem Strang um eine Perle bis auf elf Perlen beim siebten Strang erhöhen. Stets wieder mit einer orangefarbenen Perle beginnen.

3 Die Strangenden gemäß Anleitung auf Seite 5 mithilfe der Kettelstifte in den Perlkappen zusammenfassen und den Karabiner und das Verlängerungskettchen mit den beiden Ösen befestigen.

Tipps: **Passen Sie die Größe der Luftmaschen der jeweiligen Perlengröße an. Wenn Sie keine fertige Glaswachsperlenmischung bekommen, mischen Sie einfach selbst unterschiedliche Formen oder 4, 6 und 8 mm große, runde Glaswachsperlen.**

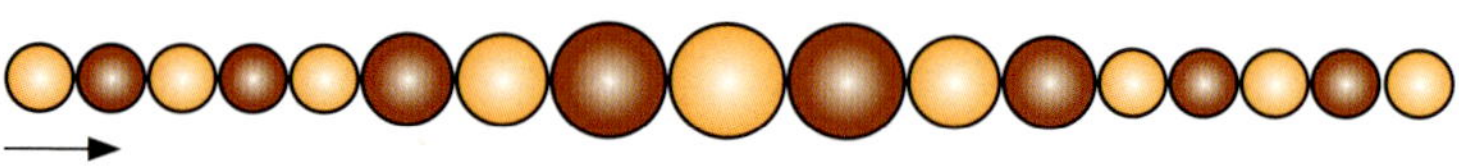

Ensemble in Türkis-Blau

→ kraftvoll leuchtend

LÄNGE
Kette ca. 47 cm
Armband ca. 18 cm

MATERIAL KETTE
- ca. 40 Miraclebeads in Türkis, ø 6 mm
- ca. 38 Pyramidenperlen in Dunkelaqua, ø 6 mm
- ca. 38 Glasschliffperlen in Aqua, irisierend, ø 6 mm
- ca. 38 Glastropfen in Grün, 7 mm lang
- Rocailles in Blau metallic, ø 2,6 mm (ca. 17 g)
- Knebelverschluss in Platin, ø 1,6 cm
- Häkelgarn in Dunkelblau

ARMBAND
- ca. 22 Miraclebeads in Türkis, ø 6 mm
- ca. 19 Pyramidenperlen in Dunkelaqua, ø 6 mm
- ca. 19 Glasschliffperlen in Aqua, irisierend, ø 6 mm
- ca. 19 Glastropfen in Grün, 7 mm lang
- Rocailles in Blau metallic, ø 2,6 mm (ca. 17 g)
- Knebelverschluss in Platin, ø 1,6 cm
- Häkelgarn in Dunkelblau

Kette

1 Die Perlen gemäß untenstehender Perlenfolge auffädeln und mit fünf Rocailles enden.

2 Mit fünf Luftmaschen beginnen und dann fünf Rocailles zusammen in die nächste Masche häkeln. Anschließend immer im Wechsel fünf Luftmaschen ohne und eine mit einer Perle oder mit fünf Rocailles häkeln. Mit fünf Luftmaschen enden.

3 Gemäß Anleitung auf Seite 4 sieben Stränge mit einer Länge von jeweils etwa 45 cm spannen und einen Abschluss mit einer Miraclebead auf jeder Seite (siehe Seite 4/5) arbeiten.

Armband

Nach der Anleitung für die Kette vorgehen. In Schritt 3 jedoch zehn 16 cm lange Stränge aufspannen und entsprechend weiterarbeiten.

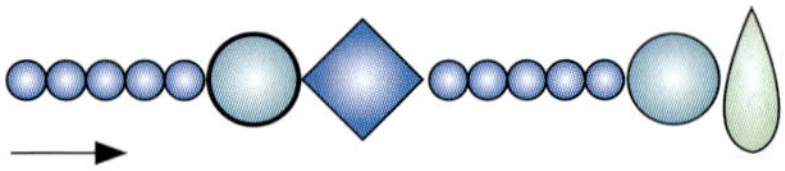

Geheimnisvoll in Lila und Amethyst-Schwarz

→ mit magischer Anziehungskraft

LÄNGE

Kette in Lila ca. 44–50 cm
Kette in Amethyst-Schwarz ca. 48 cm

MATERIAL
KETTE IN LILA

- ca. 55 Glaswachsperlen in Lila, ø 6 mm
- ca. 25 Swarovski®-Kristall--Schliffperlen in Violett, ø 4 mm
- ca. 25 Swarovski®-Kristall--Schliffperlen in Dunkellila (Purple Velvet), ø 4 mm
- Rocailles in Lila metallic, ø 2,6 mm (ca. 9 g)
- Karabinerverschluss in Platin, 1,2 cm lang
- Verlängerungskettchen in Platin, ca. 6 cm lang
- Häkelgarn in Lila

KETTE IN AMETHYST-SCHWARZ

- ca. 24 Swarovski®-Kristall--Schliffperlen in Hell-Amethyst, ø 4 mm
- ca. 50 Glasherzen in verschiedenen Amethysttönen, ø 5–10 mm (ca. 15 g)
- ca. 100 runde Glaskraquele-perlen in Kristall, ø 4 mm
- ca. 24 Amethyst-Würfel, ca. 6 mm lang
- Karabinerverschluss in Schwarz, 1,2 cm lang
- Spaltring in Schwarz, ø 6 mm
- Häkelgarn in Schwarz

Kette in Lila

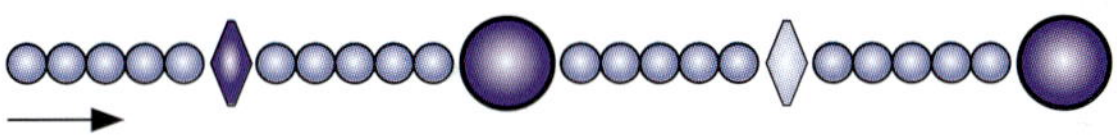

1 Die Perlen gemäß Perlenfolge auffädeln und mit fünf Rocailles enden.

2 Mit fünf Luftmaschen beginnen und dann fünf Rocailles zusammen in die nächste Masche häkeln. Anschließend immer im Wechsel fünf Maschen ohne und eine mit einer Perle oder fünf Rocailles häkeln. Mit fünf Luftmaschen enden.

3 Gemäß Anleitung auf Seite 4 sieben Stränge mit einer Länge von jeweils etwa 39 cm spannen und einen Abschluss mit zwei Glaswachsperlen und zwei Rocailles im Wechsel je Seite (siehe Seite 4) arbeiten.

Kette in Amethyst-Schwarz

1 Die Perlen gemäß Perlenfolge auffädeln und mit einer runden Glasperle enden.

2 Mit fünf Luftmaschen beginnen und dann eine runde Glasperle in die nächste Masche häkeln. Anschließend immer im Wechsel fünf Maschen ohne und eine mit einer Perle häkeln. Mit fünf Luftmaschen enden.

3 Gemäß Anleitung auf Seite 4 sieben Stränge mit einer Länge von jeweils etwa 45 cm spannen und auf jeder Seite einen Abschluss mit einer runden Glasperle, einem Herz und einer runden Glasperle (siehe Seite 4/5) arbeiten.

Schlicht und schön

→ diese Farbkombinationen sind immer im Trend!

Kette in Schwarz-Kristall

1 Die Perlen gemäß untenstehender Perlenfolge auffädeln und mit 15 Rocailles enden.

2 Mit fünf Luftmaschen beginnen und dabei in jede Masche eine Rocaille einhäkeln. Mit der nächsten Masche fünf Rocailles zusammenfassen, dann wieder fünf einzelne Maschen mit je einer Rocaille und eine Masche mit einem Würfel häkeln. Anschließend immer zwischen fünf Maschen mit je einer Rocaille und einer Masche mit fünf Rocailles oder einem Würfel wechseln. Mit fünf Luftmaschen enden.

3 Gemäß Anleitung auf Seite 4 zweimal sechs Stränge mit einer Länge von jeweils etwa 9 cm und zweimal sechs Stränge mit einer Länge von jeweils etwa 15 cm spannen. Die kürzeren Kettenteile durch eine quaderförmige Glasperle hindurchfädeln und miteinander verknoten. Die Fadenenden mehrmals durch die Perle hin- und herführen und vernähen. Die längeren Kettenteile an beiden Enden in gleicher Weise ergänzen und einen Abschluss mit einer Glasperle (siehe Seite 4/5) arbeiten.

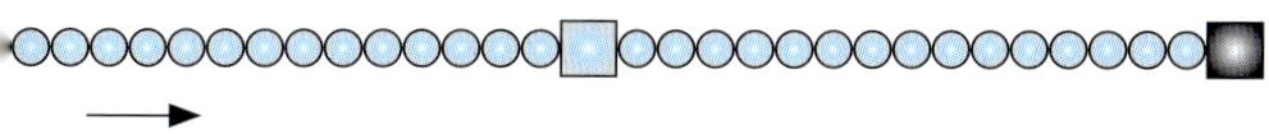

Kette in Weiß-Grau

1 Die Perlen gemäß untenstehender Perlenfolge auffädeln und mit zwei Edelsteinsplittern enden.

2 Mit fünf Luftmaschen beginnen und dann einen Edelsteinsplitter in die nächste Masche häkeln. Anschließend immer im Wechsel fünf Maschen ohne und eine mit einer Perle oder einem Splitter häkeln. Mit fünf Luftmaschen enden.

3 Gemäß Anleitung auf Seite 4 zweimal sieben Stränge mit einer Länge von jeweils etwa 23 cm spannen. Die Kettenteile durch die runde Steinperle hindurchfädeln und miteinander verknoten. Die Fadenenden mehrmals durch die Perle hin- und herführen und vernähen. Einen Abschluss mit Perlkappen (siehe Seite 5) arbeiten.

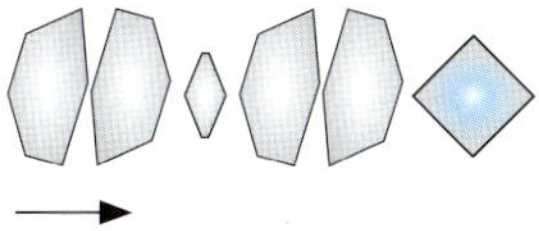

LÄNGE
je ca. 50 cm

MATERIAL KETTE IN SCHWARZ-KRISTALL

- ca. 40 Glasschliffwürfel in Schwarz, 4 mm lang
- ca. 40 Glasschliffwürfel in Kristall, 4 mm lang
- 5 quaderförmige Glasperlen in Kristall-Schwarz, 8 mm x 8 mm x 6 mm
- Rocailles in Kristall, ø 2–2,6 mm (ca. 18 g)
- Karabinerverschluss in Schwarz, 1,2 cm lang
- Spaltring in Schwarz, ø 5 mm
- Häkelgarn in Schwarz

KETTE IN WEISS-GRAU

- ca. 40 Swarovski®-Kristall-Schliffperlen in Grau, ø 4 mm
- ca. 40 Pyramidenperlen in Kristall, irisierend, ø 6 mm
- ca. 40 g Halbedelsteinsplitter in Weiß-Grau (Pine Jasper)
- Halbedelsteinperle in Weiß-Grau (Howlith), ø 2 cm
- 2 Perlkappen in Platin, 2,4 cm lang
- 2 Kettelstifte in Platin, 2,7 cm lang
- einreihige Schließe mit 2 kleinen Ösen in Platin
- Häkelgarn in Grau

Gedrehtes Collier in Pudertönen

→ mit dekorativen Muschelperlen

LÄNGE
ca. 50 cm

MATERIAL

- ca. 103 Glaswachsperlen in Apricot, ø 6 mm
- ca. 16 Glasschliffperlen in Kristall-Bronze, ø 8 mm
- Glassplitter in Rosa, irisierend, ca. 20 g
- ca. 15 Muschelperlen in Braun
- Rocailles in Rosa, mit Silbereinzug, ø 2–2,6 mm (ca. 17 g)
- Rocailles in Kupfer, ø 2–2,6 mm (ca. 17 g)
- Endkappen zum Kleben mit Verschluss in Mattsilber, ø 1 cm
- Häkelgarn in Creme

1 Die Glasschliff- und Muschelperlen abwechselnd auffädeln und mit einer Glasschliffperle enden. Mit fünf Luftmaschen beginnen und dann eine Glasschliffperle in die nächste Masche häkeln. Anschließend immer im Wechsel fünf Maschen ohne und eine mit einer Perle häkeln. Einen Strang von 60 cm Länge arbeiten und mit fünf Luftmaschen enden.

2 Die übrigen Perlen gemäß untenstehender Perlenfolge auffädeln und mit zehn Rocailles enden. Mit fünf Luftmaschen beginnen und dann fünf Rocailles zusammen in die nächste Masche häkeln. Anschließend immer im Wechsel fünf Luftmaschen ohne und eine mit einer Perle oder mit fünf Rocailles häkeln. Auf diese Weise zwölf weitere einzelne Stränge von je 60 cm Länge arbeiten und jeweils mit fünf Luftmaschen enden.

3 Die 13 Stränge zusammenfassen und die Enden jeweils gemeinsam verknoten. Die Fadenenden im Bereich des Knotens vernähen und abschneiden. Die Stränge fest miteinander verdrehen (siehe Anleitung Seite 5) und die Drehung sowie die großen Muschelperlen mit einigen Nadelstichen gut fixieren. Die Endkappen mit Schmuck- oder Zwei-Komponentenkleber aufkleben und gut trocknen lassen.

Tipps: Die Kette ist auch nicht gedreht ein Schmuckstück. Hierfür die großen Muschelperlen weglassen, die Glasschliffperlen nach Belieben in die Perlenfolge integrieren und nur ca. sieben bis neun Stränge arbeiten.

Wenn die Kette weniger üppig ausfallen soll, reduzieren Sie einfach die Anzahl der Stränge entsprechend. Die Glassplitter können Sie auch durch je drei Glasschliffperlen (ø 4 mm) ersetzen.

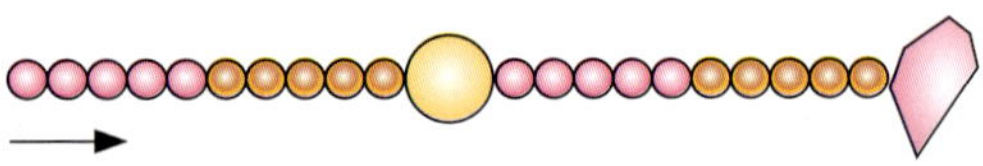

Frühlingsfrisches Grün

→ mit vielen Farben kombinierbar

LÄNGE
je ca. 45 cm

MATERIAL

HELLGRÜNE KETTE

- ca. 18 Multicolor-Glasperlen in Hellgrün-Orange, ø 1,2 cm (A)
- ca. 38 Pyramidenperlen in Hellgrün, irisierend, ø 6 mm (B)
- ca. 40 Miraclebeads in Hellgrün, ø 6 mm (C)
- Rocaille-Tropfen in Hellgrün, irisierend, 4 mm lang (ca. 6 g) (D)
- 2 Kettelstifte in Gold, 2,7 cm lang
- einreihige Schließe mit 2 kleinen Ösen in Gold
- Draht in Hellgrün, ø 0,3 mm

DUNKELGRÜNE KETTE

- ca. 17 Multicolor-Glasperlen in Grün-Braun, ø 1,2 cm (A)
- ca. 36 Swarovski®-Kristall--Schliffperlen in Emeraldgrün, ø 6 mm (B)
- ca. 38 Miraclebeads in Grün, ø 6 mm (C)
- ca. 90 Glasschliffperlen in Grün, irisierend, ø 4 mm (D)
- Karabinerverschluss in Platin, 1,2 cm lang
- Verlängerungskettchen in Platin, ca. 6 cm lang
- Draht in Grün, ø 0,3 mm

Hellgrüne und dunkelgrüne Kette

1 Die Perlen gemäß Perlenfolge auffädeln.

2 Mit einer Luftmasche beginnen und dann eine Perle in die nächste Masche häkeln. Anschließend immer im Wechsel eine Masche ohne und eine mit Perle häkeln.

3 Gemäß Anleitung auf Seite 4 sechs Stränge mit einer Länge von jeweils etwa 43 cm spannen und einen Abschluss mit Perlen (siehe Seite 4/5) arbeiten.

Perlenfolge hellgrüne Kette

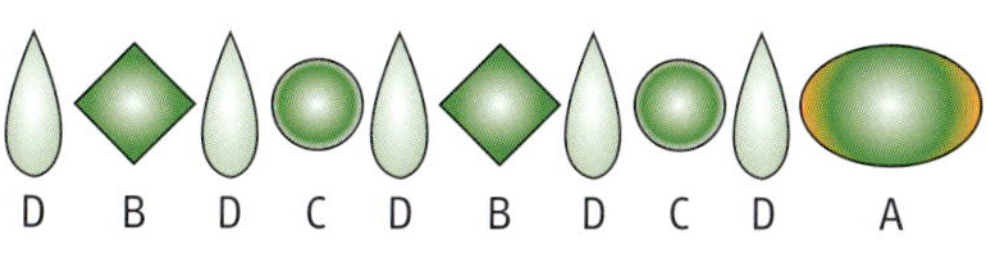

Perlenfolge dunkelgrüne Kette

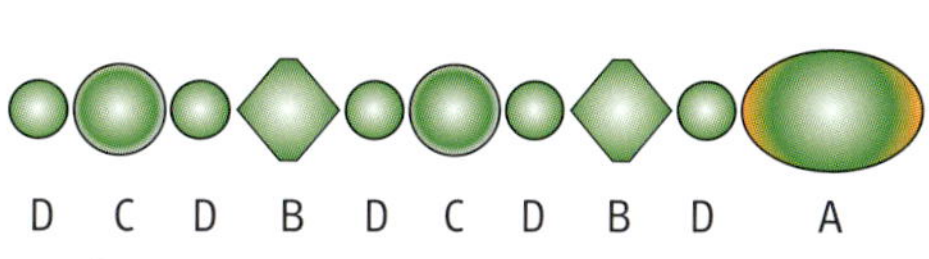

Ethnolook

→ mit außergewöhnlichen Naturperlen

LÄNGE
Kette ca. 65 cm
Armband ca. 16 cm

MATERIAL KETTE UND ARMBAND
- Knopflochseide in Dunkelbraun
- Knebelverschluss in Altkupfer, ø 1,8 cm

ZUSÄTZLICH KETTE
- ca. 77 Knochenperlen in Beige, ø 6–10 mm
- ca. 75 Knochenperlen in Schwarz-Braun, ø 8–13 mm

ZUSÄTZLICH ARMBAND
- ca. 21 Knochenperlen in Beige, ø 6–10 mm
- ca. 18 Knochenperlen in Schwarz-Braun, ø 8–13 mm

Kette

1 Beigefarbene und schwarz-braune Perlen im Wechsel auffädeln und dabei zwischen größeren und kleineren Perlen abwechseln. Zwei gleiche beigefarbene Perlen für den Abschluss zurücklegen.

2 Mit sieben Luftmaschen beginnen und dann eine Perle in die nächste Masche häkeln. Anschließend immer im Wechsel sieben Maschen ohne und eine mit einer Perle häkeln. Mit sieben Luftmaschen enden.

3 Gemäß Anleitung auf Seite 4 fünf Stränge mit einer Länge von jeweils etwa 63 cm spannen und einen Abschluss mit je einer beigefarbenen Perle (siehe Seite 4/5) arbeiten.

Armband

Nach der obigen Anleitung für die Kette vorgehen. In Schritt 3 jedoch fünf 15 cm lange Stränge aufspannen.

Tipp: Bei sehr langen Strängen empfiehlt es sich, den bereits gehäkelten Strang um eine zusammengerollte Zeitschrift zu wickeln. Sie vermeiden so ein Verheddern des Strangs.

Glanzstück

→ in zeitloser Silber-Schwarz-Kombination

LÄNGE
ca. 57 cm

MATERIAL
- ca. 56 rechteckige Perlen in Silber metallic, 4 mm x 2 mm
- Mini-Farfalle-Glasperlen in Kristall, mit Silbereinzug, ø 4 mm (ca. 23 g)
- 5 ovale Metallperlen in Silber-Schwarz, ø 1,1 cm, 2 cm lang
- Karabinerverschluss in Schwarz, 1,2 cm lang
- Spaltring in Schwarz, ø 5 mm
- Häkelgarn in Schwarz

1 Jeweils 15 Farfalle-Perlen und eine rechteckige Metallperle im Wechsel auffädeln und mit 15 Farfalle-Perlen enden.

2 Mit fünf Luftmaschen beginnen und dann fünf Farfalle-Perlen zusammen in die nächste Masche häkeln. Anschließend immer im Wechsel fünf Maschen ohne und eine mit fünf Farfalle-Perlen oder einer rechteckigen Metallperle häkeln. Mit fünf Luftmaschen enden.

3 Gemäß Anleitung auf Seite 4 zweimal sechs Stränge mit einer Länge von jeweils etwa 9 cm und zweimal sechs Stränge mit einer Länge von jeweils etwa 15 cm spannen. Die kürzeren Kettenteile durch eine ovale Metallperle hindurchfädeln und miteinander verknoten. Die Fadenenden mehrmals durch die Perle hin- und herführen und vernähen. Die längeren Kettenteile an beiden Enden in gleicher Weise ergänzen und einen Abschluss mit einer Metallperle (siehe Seite 4/5) arbeiten.

Goldrausch

→ opulentes Armband

LÄNGE
ca. 18 cm

MATERIAL
- ca. 12 Swarovski®--Kristall-Schliffperlen in Dorado, ø 6 mm
- ca. 24 Glasschliffperlen in Colorado, halbbedampft, ø 6 mm
- Mini-Farfalle-Glasperlen in Kristall, mit Goldeinzug, ø 4 mm (ca. 9 g)
- Metallperle in Gold, ø 1,5 cm
- Karabinerverschluss in Gold: Herz, ø 1 cm
- Verlängerungskettchen in Gold, 6 cm lang
- Häkelgarn in Creme

WEITERFÜHRUNG

Goldrausch

1 Die Perlen gemäß Perlenfolge auffädeln.

2 Mit fünf Luftmaschen beginnen und dann drei Farfalle-Perlen zusammen in die nächste Masche häkeln. Anschließend immer im Wechsel fünf Luftmaschen ohne und eine mit drei Farfalle-Perlen oder einer Glasschliff- bzw. Swarovski®-Perle häkeln. Mit fünf Luftmaschen enden.

3 Gemäß Anleitung auf Seite 4 zweimal neun Stränge mit genau gleicher Länge von 10 cm spannen und diese fest miteinander verdrehen (siehe Seite 5).

4 Die gedrehten Stränge mit einigen Nadelstichen gut fixieren und die Glas- bzw. Kristall-Schliffperlen zusätzlich mit je einem Stich sichern. Die Armbandteile durch die Metallperle hindurchführen und miteinander verknoten. Die Fadenenden mehrmals durch die Perle hin- und herführen und vernähen. Den Verschluss annähen.

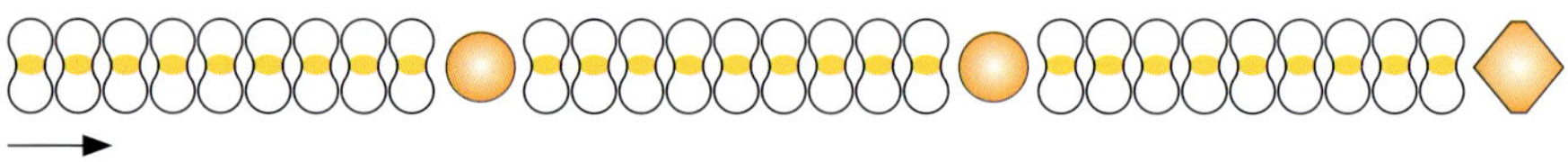

IMPRESSUM

Mit freundlicher Unterstützung der Firma Pracht Creatives-Hobby GmbH, Kaufbeuren-Neugablonz.
FOTOS: frechverlag GmbH, 70499 Stuttgart; Sylvia El Idrissi (Schrittfotos Seite 3/4); Lydia Klös (Skizzen Seite 4, und Schrittfotos Seite 3/4); Fotostudio Ullrich & Co., Renningen (übrige Fotos)
DRUCK: frechdruck GmbH, 70499 Stuttgart

Auflage: 5. 4. 3. 2. 1.
Jahr: 2012 2011 2010 2009 2008 [Letzte Zahlen maßgebend]

ISBN 978-3-7724-3679-6
Best.-Nr. 3679